© 2017 Uwe Andreas Michelsen

Verlag: tredition GmbH, Hamburg

ISBN Taschenbuch: 978-3-7439-2076-7

ISBN Hardcover: 978-3-7439-2077-4

ISBN e-Book: 978-3-7439-2078-1

Bibliografische Information der Deutschen Nationalbibliothek: Die Deutsche Nationalbibliothek ver-
zeichnet diese Publikation in der Deutschen Natio-
nalbibliografie; detaillierte bibliografische Daten sind
im Internet über http://dnb.d-nb.de abrufbar.

Vorformen zünftlerischen Denkens

und Handelns in der Antike

Insbesondere in Babylonien und Judäa

Inhalt

4

Uwe Andreas Michelsen

Vorformen zünftlerischen Denkens und Handelns in der Antike, insbesondere in Babylonien und Judäa

Überlieferung und Erziehung sind Korrelatphänomene; keine Überlieferung wird ohne jede Einwirkung auf gegenwärtige Erziehungsbemühungen bleiben. "Die Geschichte der Erziehung in der Antike ist für unsere moderne Kultur nicht gleichgültig; sie führt die unmittelbaren Ursprünge unserer eigenen erzieherischen Tradition vor Augen" (Marrou 1977, S. 16). Sie behandelt das Vergangene - die Vergangenheit des Gegenwärtigen. Aus heutiger Sicht bewundernswert sind die technischen Bauwerke und Konstruktionen der Antike. Dieselben weisen auf ein hohes technisches und damit auch handwerkliches Können, somit auch auf eine spezielle Ausbildung der in Handwerksberufen Tätigen. Einige grundlegende Schriften, die ausschließlich technische Fragen der Antike zum Inhalt haben, sind die Werke des Heron von Alexandria [er lebte im oder nach dem 1. Jhd. n. Chr.], Vitruvs [ca. 75 - 15 v. Chr.] Bücher über De architectura a libri decem und Frontius' [ca. 35 v. Chr. - 103 n. Chr.] Buch über die Wasserversorgung der Stadt Rom. Plinius der Ältere [23 - 79 n. Chr.] geht in seinem enzyklopädischen Werk Naturalis historia ... ebenfalls auf technische Fragestellungen ein. Wichtige Quellen zur Landwirtschafts- und Lebensmitteltechnik sind die Werke De re agricultura Catos des Älteren [243 - 149 v. Chr.] und Columellas [4 - 70 n. Chr.] zweibändiges Werk De re rustica (vgl. Cech 2012, S.12). Vieles, was heute problematisch ist, wurzelt in dem Erbe älterer Generationen. Insofern kann die rechte Erkenntnis der Vergangenheit als Schlüssel zum Verständnis der Gegenwart dienen und dem Gewordenen dort gerecht werden, wo es noch heute anzutreffen ist. Mit den nachfolgenden Ausführungen werden bestimmte Strukturähnlichkeiten und Merkmalkonkordanzen des mittelalterlichen zünftigen Denkens und Handelns mit Vorformen in der Antike aufgezeigt; sie ersetzen keine Geschichte der Berufserziehung. Hierzu sei auf die umfänglichen und wegweisenden Studien von Stratmann und Zabeck verwiesen. Als spezifische Ausprägung unserer handwerkstypischen Ausbildungsformen gilt das mittelalterliche Zunftwesen. Es hat, so typisch es für die Berufsausbildung war und in seinen Nachwirkungen zum Teil noch heute ist, seinerseits historische Wegbereiter. Beispielhaft sei hier an früheste Formen der Berufsausbildung in Babylonien und in Judäa erinnert.

1   Berufsausbildung in Babylon

Bereits um 1700 v. Chr. gab es in Babylonien ein nach König Hammurabi [1] benanntes Gesetzeswerk, das in 280 Paragraphen nicht nur das gesamte Straf-, Zivil- und Handelsrecht umfasste, sondern auch eine Rechtsgrundlage für die Berufsausbil-

---

[1] Die Regierungszeit Hammurabis ist, je nach Anwendung der "mittleren" oder der "kurzen" Chronologie von 1792 - 1750 oder von 1728 - 1686 v. Chr. anzusetzen. Vgl. Schmökel 1958, S. 10.

[2] Von diesem 280 Paragraphen umfassenden Gesetzeswerk Hammurabis wissen wir, seit "die reich dotierte französische Susa-Expedition unter J.de Morgan im Dezember 1901 und Januar 1902 auf dem mächtigen Tell, der als Akropolis von Susa bezeichnet wird, kurz hintereinander drei leicht zusammensetzbare Teile einer 2,25 m hohen Dioritstele mit der großartigen Gesetzesverkündigung dieses Königs entdeckte und Vinvent Scheil den Text nur ein Jahr später in... französischer Übersetzung der Öffentlichkeit übergab." (Schmökel 1958, S. 11).

dung - eine Art "Berufsbildungsgesetz" - darstellte [2].

Wie im Berufsbildungsgesetz unserer Tage finden sich in der Gesetzesstele Hammurabis Vorschriften über den Abschluss und die Unterzeichnung von Lehrverträgen; auch waren die Ausbildungszeiten für freie und unfreie Lehrlinge genau festgelegt, wie überhaupt die Abfassung von Arbeitsverträgen eine erstaunlich große Rolle im altbabylonischen Recht spielte. So heißt es im § 274 der Gesetzesstele Hammurabis:

"Wenn ein Bürger einen *zünftigen* [Hervorhebung vom Verfasser] Handwerker jeweils mietet, so [gi] [3] bt er als Miete eines [...] 5 Gran Silber, als Miete eines Ziegelstreichers 5 (?) [Gran Sil] ber,

als M [iete eines Leinenw] ebers (?) [Gran] Silber,

[als Miete eines Siegelschn] eiders (?) [Gran Silber],

[als Miete eines Juwe] liers (?) [Gran Si] lber,

---

[3] Die in eckiger Klammer stehenden Wort- bzw. Satzteile bezeichnen jene Textstellen der Gesetzesstelle, die nicht mehr lesbar erhalten sind und daher nur aus dem Kontext erschlossen werden konnten.

8

[als Miete eines Schm] iedes (?) [Gran Si] lber,
[als Miete eines] Tischlers 4 (?) Gran Silber,
als Mieter eines Lederarbeiters [...] Gran Silber,
als Mieter eines Rohrarbeiters [...] Gran Silber,
als Miete eines Baumeisters [...] Gran Silber
[an] 1 [Tage]" (Eilers 1932, S.52f.).

Tagelöhnern wurde weitaus weniger bezahlt. Sie erhielten nur ungefähr 1/50 eines Sekels, dem ein Wert von 8 g Silber entsprach, also 0,16 g Silber. Der Warenaustausch erfolgte durchweg auf der Grundlage der Silberwährung. Abgaben konnten auch in Naturalien geleistet werden. 1 Gur (d.h. 120 l) Getreide oder Datteln entsprach dabei einem Sekel. Münzen waren noch unbekannt (vgl. Schmökel 1958, S. 18 und 20).

Die gesetzliche Verankerung solcher Arbeitsverträge weist dem Handwerk in Babylonien eine besondere Bedeutung zu. Es wurde hoch geachtet, galt geradezu als eine göttliche Einrichtung, und war, ähnlich wie im Mittelalter, in Gilden bzw. Zünften organisiert (vgl. Historia Mundi 1953, S. 315). Wir dürfen davon ausgehen, dass die straffe Organisation dieser "Zünfte" und ihre planmäßige Einordnung in das Wirtschaftsleben als eine wichtige Regierungsaufgabe betrachtet wurde (vgl. Schmökel 1958, S.18).

Die gesellschaftliche Struktur Babyloniens lässt sich aus den verfügbaren Quellen nicht genau feststellen. Von einer Adelsschicht in der uns geläufigen Auffassung kann wohl nicht die Rede sein. Die Höhe der sozialen Stellung eines jeden richtete sich jedenfalls nicht nur nach seiner Herkunft, sondern in hohem Maße nach seiner beruflichen Stellung (vgl. Historia Mundi 1953, S. 315).

Der Beruf des Vaters entschied letztlich über den sozialen Status seiner Nachkommen; denn die Tradierung beruflicher Kenntnisse und Fertigkeiten geschah meist innerhalb der Familie (vgl. Schmökel 1958, S. 18). Für Ausnahmefälle - etwa wenn kein leiblicher Nachkomme vorhanden war - ermöglichten die §§ 188 und 189 der Gesetzesstele Hammurabis die Adoption:

" § 188: Wenn ein Gildenhandwerker einen Sohn als Ziehkind angenommen hat und ihm sein Handwerk beibringt, so kann dies nicht vindiziert werden; § 189: Wenn er ihm nicht sein Handwerk beibringt, so kann dieses Ziehkind ins Haus seines Vaters zurückkehren" (Eilers 1932, S. 44f.).

Somit können wir an der Berufsausbildung Altbabyloniens bereits typische Ausprägungen dessen erkennen, was uns später, bei der Betrachtung des mittelalterlichen Zunftwesens, erneut und in noch deutlicherer Konturierung begegnen wird:

1. Die göttliche Abkunft allen beruflichen Tuns, die als früher Vorläufer des als Vocatio, gleichsam als ein Aufruf Gottes, erlebten Berufsverständnisses des Mittelalters angesehen werden kann,
2. die ständische Gliederung der Gesellschaft, zu deren Fortbestehen,
3. die zunftartige Gliederung in Berufsgenossenschaften beiträgt, und schließlich
4. die außerordentliche Bedeutung der Familie als Trägerin der beruflichen Erziehung.

Der Eintritt in das Berufsleben, sofern er nicht aufgrund eines normalen Kindschaftsverhältnisses geschah, so sagt uns § 188 der Gesetzesstele Hammurabis, führte auch damals zugleich in das Haus und die Tischgemeinschaft des "Meisters"; § 189 der Gesetzesstele gibt uns ferner den wichtigen Hinweis, dass mit der Aufnahme eines "Lehrlings" in die häusliche Gemeinschaft die Pflicht verbunden war, dem "Lehrling" sein Handwerk beizubringen. Wir können diese Textstelle als eine erste ausdrückliche Anweisung zu einer ordnungsgemäßen Berufsausbildung verstehen. Über die innere Ausgestaltung, die methodische Handhabung solchen beruflichen Lehrens wird uns jedoch nichts überliefert. Wir können nur annehmen, dass es sich weitgehend um ein Imitationslernen gehandelt haben wird, bei dem der Lernende durch Zuschauen und Mittun, aufgrund okkasionell sich vollziehender Lernprozesse, seine beruflichen Fähigkeiten erwarb. Ähnliches dürfte auch für die Berufsausbildung der Hebräer gelten, deren nähere Betrachtung aufschlussreich sein wird, weil die Hebräer, als ge-

ographische Nachbarn und während des babylonischen Exils von der damals in Babylonien bestehenden Kultur mit beeinflusst worden sein dürften.
Abgesehen davon wird auch die vom christlichen
Ethos getragene Berufsausbildung des Mittelalters
der Überlieferung alttestamentlichen Brauchtums
eine Reihe von Impulsen verdanken.

2 Berufsausbildung in Judäa

Unsere Kenntnis des jüdischen Handwerkerlebens
stützt sich im wesentlichen auf Aussagen des Alten
Testamentes und auf den Talmud, der die Gesetze
des jüdischen Lebens sammelt und reflektiert. [4] Di-
rekte Rückschlüsse auf spezielle Ausbildungsmaß-
nahmen können aus diesen und weiteren uns zu-
gänglichen Schriften (siehe z.B. Kalischer, 1912)
nicht abgeleitet werden. Die vorliegenden Texte
lassen jedoch Auffassungen, Sitten und Gebräuche
erkennen, die den Gepflogenheiten des mittelalterlichen Zunftwesens bereits recht nahe kommen.

---

[4] Im Talmud sind etwa 10.000 Gesetzesbestimmungen, das jüdische
Leben betreffend und nach Lebensgebieten klassifiziert, festgehalten.

2.1 Die göttliche Abkunft allen beruflichen Tuns

Weil das Handwerk als ein unmittelbarer Ausfluss göttlichen Geistes galt (vgl. Kalischer 1912, S. 594), war alle Arbeit eine gegen Gott zu übende Bundespflicht der Israeliten (vgl. ebd., S. 583). Der erste von Gott namentlich berufene Handwerker war Bezaleel:

"Siehe, ich habe mit Namen berufen Bezaleel, den Sohn Uris, des Sohnes Hurs, vom Stamme Juda, und habe ihn erfüllt mit dem Geist Gottes, mit Weisheit und Verstand und Erkenntnis und mit allerlei Geschicklichkeit, kunstreich zu arbeiten an Gold, Silber, Erz, kunstreich Steine zu schneiden und einzusetzen, und kunstreich zu zimmern an Holz, zu machen allerlei Werk." (2. Mose; 31, 2 - 5).

Damit war theologisch der Weg zu einer positiven Wertung der Arbeit geebnet, und es leuchtet ein, dass der theozentrische Aspekt der Berufsarbeit im Alten Testament besonders stark hervortritt (vgl. Auer 1966, S. 36). Der arbeitende Mensch war gleichsam Nachahmer der Schöpfertätigkeit Gottes und dessen Treuhänder. Vom Salbenmischer wird das ausdrücklich bekundet: Er "fertigt Salben, damit Jahwes Schöpfungswerk kein Ende nehme" (Sirach 38, 89). Im Gegensatz zur hellenistischen Auffassung über die Handarbeit genoss das Handwerk aufgrund seiner göttlichen Weihe bei den Israeliten ein so hohes Ansehen, dass selbst der Hohepriester aus dem Handwerkerstand hervorgehen durfte (vgl. Kalischer 1912, S. 600 und 605). Nur wenige Handwerke waren davon ausgenommen, nämlich solche, bei denen man die Gefahr der Versuchung zu einer sittlichen Verfehlung unterstellte. Sie galten als Leute, die ihre Auftraggeber zu prellen suchten (vgl. Kidduschin 82;). Mehr als hundert Rabbinen, die der Talmud nennt, waren zugleich Handwerker und führten Handwerkernamen (vgl. Delitzsch 1879, S. 77 und Kalischer 1912, S. 549 und 605). Die Erfüllung der Lebensaufgabe des Menschen wurde weithin nicht in der Geistesarbeit allein, sondern in Verbindung mit der Hände Arbeit gesehen. So lehrte Rabban Gamliel: "Schön ist das Studium der Lehre in Verbindung mit einer Erwerbstätigkeit, denn die gemeinsame Pflege beider hält Schuld fern, dagegen hat das Studium ohne Erwerbstätigkeit keinen dauernden glücklichen Bestand" (Pirke Aboth 2.2). Ähnlich heißt es in Pesachim 113[a]: "Verrichte um Lohn jegliche Arbeit und sage nicht: ich bin ein Priester, ein vornehmer Mann, sie geziemt mir nicht" (vgl. auch Kalischer 1912, S. 600 und 604). Das Ansehen der Handwerker bekundet sich auch darin, dass es ihnen ausdrücklich gestattet war, sitzenzubleiben und weiterzuarbeiten, selbst wenn ein Schriftgelehrter sie grüßte; galt es doch sonst als allgemeine Pflicht, einen Gelehrten stehend zu begrüßen. Rabbi Ula stellte den, der von seiner Hände Arbeit lebte, sogar höher als den Gottesfürchtigen an sich (vgl. Kidduschin 33[a], Delitzsch 1879, S. 73 und Kalischer 1912, S. 584 und 599).

Dieser Wertschätzung des Handwerks entsprach die besondere Ehrlichkeit der Gewerbetreibenden, die anzunehmen ist, wenn wir das, was von den für die Instandhaltung des Tempels angestellten Werkmeistern berichtet wird, verallgemeinern dürfen. Folgende Weisung des Königs Josia hierzu aus dem Jahre 621 v. Chr. ist uns bekannt:

"Gehe hinauf zu dem Hohenpriester Hilkia, daß er abgebe alles Geld, das zum Hause des Herrn gebracht ist, das die Torhüter gesammelt haben vom Volk, daß man es gebe den Werkmeistern, die bestellt sind im Hause des Herrn, und sie es geben den Arbeitern am Hause des Herrn, daß sie bessern, was baufällig ist am Hause, nämlich den Zimmerleuten und Bauleuten und Maurern und denen, die da Holz und gehauene Steine kaufen sollen, das Haus zu bessern; doch daß man keine Rechnung von ihnen nehme von dem Geld, das unter ihre Hand getan wird; sondern daß sie auf *Glauben* [Hervorhebung vom Verfasser] handeln" (2. Könige 22, 4 - 7). Die hieraus zu schließende Redlichkeit der Handwerker gewinnt an Überzeugungskraft durch einen ähnlichen etwa 230 Jahre älteren Bericht (vgl. hierzu 2. Könige 12, 12 - 16). Um Christi Geburt allerdings wurden die Ausbesserungsmaßnahmen am Tempel "nach dem Ellenmaß im Accord vergeben und nach einem etwas *größeren* [Hervorhebung vom Verfasser] Ellenmaß abgeliefert, damit die Möglichkeit und selbst der Schein einer Veruntreuung des Heiligen vermieden würde" (Delitzsch 1879, S. 15; vgl. auch Kalischer 1912, S. 597). Der religiöse Bezug allen beruflichen Tuns, der bei der Arbeit am Tempel besonders sinnfällig zum Ausdruck kam, hat also bestimmte arbeitsethische Grundhaltungen entstehen lassen. Die Forderung nach Ehrlichkeit beim Kaufmann (vgl. Sirach 42, 4 - 5), Fleiß beim Tischler und Zimmermann (vgl. Sirach 38, 28) und Sorgfalt beim Schmied (vgl. Sirach 38, 31) ist ausdrücklich überliefert (vgl. auch Auer 1966, S. 37). Bemerkenswert ist allerdings, dass diese arbeitsethischen Forderungen in einem die Handarbeit abwertenden Kontext stehen, der einen Einfluss des hellenistischen Standesdenkens vermuten lässt (vgl. Sirach 38, 25ff. insb. 38 und 39). So hat Bienert darauf hingewiesen, dass die Darstellungsart in Sirach 38 an die attische Ironie erinnert: "Der landwirtschaftliche Arbeiter 'herrscht' - aber über den Pflug. Er hat eine 'Lanze' - aber eine mit der er Ochsen stachelt; er führt einen 'Dialog' - aber mit Ochsen!" (Bienert 1954, S. 146)

2.2 Die ständische Gliederung der Gesellschaft

Von einem völlig hierarchischen Aufbau der Gesellschaft im Sinne einer strengen Standesabgrenzung kann bei den Hebräern nicht gesprochen werden. Der Bundesgedanke und das Bewusstsein der Erwählung ließ die Gleichheit aller, die zum Volk Gottes gehörten, zumindest theologisch als selbstverständlich erscheinen. Die zwischen den einzelnen Gesellschaftsschichten bestehenden Unterschiede traten nicht so deutlich hervor wie sonst in der Antike.

Das Bestehen einer dennoch annähernd ständisch gegliederten Gesellschaft können wir dem Bericht über die von Nebukadnezar befohlene Deportation der Juden entnehmen. Dort heißt es: "Und [Nebukadnezar; Anm. d. Verf.] führte weg das ganze Jerusalem, alle Obersten, alle Gewaltigen, 10.000 Gefangene, und alle Zimmerleute und alle

Schmiede und ließ nichts übrig denn geringes Volk des Landes" (2. Könige 24, 14; vgl. auch Jeremia 29, 2). Die Wegführung der Vornehmen, der Reichen und der Handwerker hatte den Zweck, die Widerstandsfähigkeit der Hebräer für künftig zu brechen, womit uns die Bedeutung des Handwerks hier nochmals - wenn auch in anderer Form - vor Augen geführt wird (vgl. auch 1. Samuel 13,19). Mit Einschränkung kann diesem Bericht die Existenz einer Ober-, Mittel- und Unterschicht entnommen werden, wobei die Handwerker - und das bestätigt deren bereits erwähnte allgemeine Wertschätzung - einer Art "Mittelschicht" zuzurechnen sein dürften.

Auf das Vorhandensein einer besonders angesehenen "Oberschicht" deutet die Anweisung Nebukadnezars an Aspenas, er solle junge Israeliten aus königlichem Geschlecht und aus adligen Familien auswählen, die so reich an Kenntnissen und von so gutem Auffassungsvermögen seien, dass sie an seinem Hofe dienen könnten (vgl. Daniel 1, 3 - 4). [5]

---

[5] Das Danielbuch stammt zwar aus der Makkabäerzeit, könnte aber im Blick auf 2. Könige 24, 14 eine historische Reminiszenz enthalten.

Auch in Israel gab es, trotz der grundsätzlichen Gleichheit vor Gott, Sklaven und Herren (vgl. 3. Mose 25, 44 - 46), Arme und Reiche (vgl. 1. Mose 30,43 und 13,2, Psalm 52, 9 und Sprüche 10, 15), darunter sogar Verschwender (vgl. Amos 6, 3 - 6) und solche, die ihr Vermögen durch Gewalt erwarben (vgl. Jesaja 5, 8 und Micha 2, 2). Armut und Sklaverei aber hatten nicht den gleichen entwürdigenden Charakter wie sonst in der antiken Welt (vgl. Auer 1966, S. 35). Das Halljahr nämlich sollte exzessive Entwicklungen der Sklavenhaltung verhindern und korrigieren helfen: "So du einen hebräischen Knecht kaufst, der soll dir 6 Jahre dienen, im 7. Jahr soll er frei ausgehen umsonst" (2. Mose 21, 2). [6] Auch nicht israelitischen Sklaven wurde ein gewisser Schutz vor Willkür gewährt (vgl. 2. Mose 21, 20 und 22, 20). So kann es als indirekter Zwang zu einer menschenwürdigen Behandlung der Skla-

---

[6] Vgl. auch 3. Mose 25, 39 - 40 und 5. Mose 15, 12 und 18. Im Halljahr sollte sich Israel als freies Volk Gottes darstellen. Alle Verwirrung der gottgeordneten Rechts- und Besitzverhältnisse sollte ausgeglichen und das Volksganze wieder auf seine bestimmungsgemäßen Grundlagen gestellt werden. Nicht immer aber, so berichtet uns Jeremia, wurden die Gebote des Halljahres befolgt (vgl. Jeremia 34, 14 - 16).

ven angesehen werden, wenn geboten war: "Du sollst den Knecht nicht seinem Herrn überantworten, der von ihm zu dir sich entwandt hat" (5. Mose 23,16).

Ein standesähnliches Denken entwickelte sich mit dem Entstehen des israelitischen Königtums. Ausdruck dessen ist die Thronfolge nach König David, die im 2. Buch Samuel wie folgt geregelt wurde: "Wenn nun deine Zeit hin ist, dass du [David; Anm. d. Verf.] mit deinen Vätern schlafen liegst, will ich deinen Samen nach dir erwecken, der von deinem Leibe kommen soll; dem will ich sein Reich bestätigen. Der soll meinem Namen ein Haus [einen Tempel; Anm. d. Verf.] bauen, und ich will den Stuhl seines Königreiches bestätigen ewiglich" (2. Samuel 7, 12 - 13).

Mit der Entstehung des israelitischen Königreiches wurde es zunehmend üblich, bestimmte Ämter innerhalb der Familien vom Vater auf den Sohn zu übertragen. Der Rückgriff auf die Familie bzw. auf deren Oberhaupt lässt vermuten, dass ihr bei der

Berufserziehung in Judäa eine besondere Bedeutung zukam.

2.3 Die Bedeutung der Familie als Trägerin der beruflichen Erziehung

Die Familie galt den Juden als schöpfungsmäßiger Grundbestand der Mann-Frau und der Eltern-Kind-Beziehung (vgl. 1. Mose 1, 27f.; 2,18; 2, 24). Die der Familie zugemessene Bedeutung findet ihren besonderen Ausdruck in der hohen Achtung des 4. Gebotes. [7] Bei aller Betonung eines religiös begründeten und arbeitsamen Lebens enthält das Alte Testament keine direkten Hinweise auf eine Berufsausbildung in der Familie. Dennoch können wir mit großer Wahrscheinlichkeit davon ausgehen, dass die Berufsausbildung in Judäa sich in der Familie vollzog. Schon deshalb, weil nur schwer einzusehen wäre, weshalb die agrarisch-gewerblich strukturierte Wirtschaft und Gesellschaft der Hebräer andere Ausbildungsformen hätte entstehen lassen sollen,

---

[7] Nach 5. Mose 21, 18 - 21 konnte ein ungehorsamer Sohn sogar mit dem Tode bestraft werden. Vgl. auch Sprüche 23, 22.

23

als sie bis zum Ende der vorindustriellen Epoche als Ausbildung in der Hausgemeinschaft [8] des Meisters weithin üblich waren. Diese Annahme wird durch eine Reihe alttestamentarischer Textstellen erhärtet. Wenn wir davon ausgehen, dass alle Belehrung und alles Lernen im Alten Testament theozentrischen Charakter besitzt, so wird verständlich, weshalb die Tradierung handwerklicher Fertigkeiten und Kenntnisse nicht ausdrücklich genannt werden. Sie waren in diesem Zusammenhang von untergeordneter Bedeutung. Stets aber sind es die *Väter*, die an ihre Pflicht zur religiösen Unterweisung erinnert werden (vgl. z.B. 2. Mose 12, 24ff.;13, 8 und 5. Mose 6, 7), wie umgekehrt die Kinder, vor allem die Söhne, gehalten sind, von den Vätern zu lernen (vgl. Sprüche 4, 1). Die Sprüche Salomos, z.B. Kap. 12, Vers 11, lassen vermuten, dass solche Beleh-

---

[8] Das vom lat. familia abgeleitete Wort Familie ist erst seit dem Beginn des 18. Jahrhunderts in Deutschland gebräuchlich geworden. Vorher wurde dafür das Wort Haus verwandt, wie auch das lat. familia ursprünglich das Hauswesen, d.h. den Hausvater mit den seiner Gewalt unterworfenen Personen und seinem sonstigen Eigentum umfasste. So heißt es z. B. im Kleinen Katechismus Martin Luthers: "Du sollst nicht begehren deines Nächsten Haus" (9. Gebot). Und: "Du sollst nicht begehren deines Nächsten Weib, Knecht, Magd, Vieh noch alles was sein ist" (10. Gebot).

rung auch auf die berufliche Ausbildung übertragen werden kann. Dort heißt es: "Wer seinen Acker baut, der wird Brot die Fülle haben ... ." Die bodenständige Religiosität des Judentums bedient sich hier eines Bildes aus dem Alltag des israelitischen Lebens. Ein weiteres Indiz für das Bestehen einer familiären Tradierung des beruflichen Wissens und Könnens liefern uns die Bücher Mose: Mose 7, 36 weist aus, dass der Beruf des Priesters nur vom Vater auf den Sohn übertragen werden konnte. [9]

Unsere bisher ausschließlich auf dem Alten Testament sich abstützende Interpretation wird bestätigt, wenn wir den Talmud mit zu Rate ziehen. Dort sagt Rabbi ben Ilai: "Wenn jemand seinem *Sohn* [Hervorhebung vom Verfasser] kein Handwerk lehrt, so ist es, als ob er ihm Räuberei gelehrt hätte" (Kidduschin 29[a]).

Der Stellenwert des noch weithin familialen Charakters der Berufsausbildung wird indirekt auch bestä-

---

[9] Vgl. auch 2. Mose 28, 1 - 3 sowie Nehemia 7, 64 und Esra 2, 62. Dort steht: "Die [Söhne; Anm. d. Verf.] suchten ihre Geburtsregister und fanden keine; darum wurden sie untüchtig geachtet zum Priestertum."

tigt durch den Eid des Hippokrates, in dem die Rechtsprobleme aufgegriffen werden, die durch die außerfamiliäre Ausweitung der ärztlichen Berufsausbildung entstanden sind. Der den Eid Ablegende beteuert, den, der ihn diese Kunst gelehrt hat, seinen "Eltern gleich zu achten" (Brendebach 2005, S. 8).

Da die Ausbildung von Lehrlingen in der häuslichen Gemeinschaft des Meisters in den Zünften des vorindustriellen Handwerkerlebens bedeutsam war, kann erwartet werden, dass charakteristische Merkmale einer zunfttypischen Gliederung der Handwerke auch bei den Hebräern vorzufinden sind.

2.4 Die zunftartige Gliederung in Berufsgenossenschaften

Auf das Vorhandensein gewisser Organisationsformen des handwerklichen Lebens, wenn auch zunächst nur als bloß räumliche Gruppierungen, lässt Jeremia 37, 21 schließen. Dort wird bezeugt, dass es in Jerusalem üblich war, Straßen nach den in

ihrer Umgebung ansässigen Handwerkern zu be-
nennen. [10] Von eigentlichen Zünften, die eine "gesellschaftliche Vereinigung etlicher Personen um
gemeinsamen Nutzens Willen" (Zedler 1964, Sp.
115) bildeten, kann in Judäa nachweislich noch
nicht gesprochen werden. Dennoch lassen einige
der uns überlieferten Bräuche eine zumindest
zunftartige Gliederung der Handwerke erkennen. So
war es üblich, die Zugehörigkeit zu einer bestimmten "Zunft" durch das öffentliche Tragen das Handwerk symbolisierender Gegenstände zu bekunden.
Rabbi Elieser ben Asarjah berichtet hierzu: "Etwas
Großes ist das Handwerk, ein jeder rühmt sich seines Handwerks, indem er seine Abzeichen auf der
Straße trägt; so geht der Weber mit seiner Spindel
hinter dem Ohre aus, der Färber mit Wollenbündeln
über den Ohren - als Proben seiner Kunst - der
Schreiber oder Buchhalter mit der Feder hinter dem

---

[10] Jeremia 37, 21: "Da befal der König Zedekia, dass man Jeremia im
Vorhof des Gefängnisses behalten sollte; und ließ ihm des Tages ein
Laiblein Brot geben aus der *Bäckergasse*" [Hervorhebung vom Verfas-
ser]. Auch in Nehemia 3, 1 - 32 werden bei der Schilderung des Baues
der Stadtmauer von Jerusalem mehrere Berufsgruppen ausdrücklich genannt.

Ohr" (Avot de-Rabbi Nathan, zitiert nach Kalischer 1912, S. 596f.).

Wenngleich es in Judäa für das Bestehen von Zünften im eigentlichen Sinne des Wortes keine Belege zu geben scheint, können die für die einzelnen Handwerke erwähnten Bräuche als der Beginn zünftlerischen Denkens angesehen werden, wenn wir bedenken, dass dem Wort Zunft etymologisch die Bedeutung sich ziemen, was sich fügt, passt oder schickt zukommt. der Talmud nämlich enthält Aussagen, die auf diese handwerklichen Verhaltensformen des Sich-Ziemens abzielen: "Der Schneider soll (gegen Abend des Freitags) nicht ausgehen mit der Nadel in seinen Kleidern, und der Schreiber soll nicht ausgehen mit der Feder hinter dem Ohre, und der Färber nicht mit dem Muster im Ohre, und nicht der Geldwechsler mit dem Denar im Ohre" (Schabbath 3[b]). Das Traktat Barajtha des Babylonischen Talmuds fügt noch den Zimmermann mit dem Lineal, den Wollkämmerer mit dem Bindfaden und den Weber mit der Wolle hinzu. Als "Berufe" und Erwerbstätigkeiten im antiken Israel nennt

Ingrid Lohmann die Fischer, Holzfäller, Wasserträger, Hirten, Ackerbauern, Korndrescher, Berufskrieger, Händler, Priester sowie kultische Sänger und Musiker. "Insbesondere in Verbindung mit dem Tempelbau finden sich ferner: Schmiede und Schlosser, Lederarbeiter, Färber, Steinschneider, Maurer, Töpfer, Zimmerleute, Baumeister, Maler, Bäcker und Kunsthandwerker" (Lohmann 2006, S. 196). Hinweise auf [Flachs-] Hechlerinnen belegen die Erwerbstätigkeit auch von Frauen im handwerklichen Bereich: "Sie streckt ihre Hand nach dem Rocken, und ihre Finger fassen die Spindel" (Sprüche 31, 19).

In dem Judäa benachbarten Ägypten, gefördert durch das Kastenwesen, gab es reguläre Zünfte unter den dort lebenden jüdischen Handwerkern (vgl. Kolb 2007, S. 1ff.). Die zunftmäßige Organisation z.B. der alexandrinischen Kupferschmiede geht daraus hervor, dass ihr Rabban, das ist der Obermeister, erwähnt wird (vgl. Aboda zara 17[b]). Die Sitte, arme Handwerksgenossen so lange zu unterstützen, bis sie Arbeit gefunden hatten, bestätigt den genossenschaftlichen und damit den Zunftcha-rakter der dort bestehenden Handwerkervereinigun-gen (vgl. Succa 51^b).

Deutlich wird, dass die hier besprochenen Vorläufer zünftlerischen Denkens und Handelns sehr wahr-scheinlich auch die allenthalben sich seit dem 12. Jahrhundert in allen europäischen Städten bilden-den zunftgebundenen und daher im eigentlichen Sinne handwerkstypischen Ausbildungsformen zu-mindest mit beeinflusst haben.

3 Handwerkstypische Ausbildungsformen in den Zünften

3.1 Die sozio-ökonomischen Bedingungen

Die stärkste geistige Ordnungskraft des gesell-schaftlichen Lebens in dem von uns angesproche-nen Zeitraum des hohen Mittelalters [11] war das Christentum, dessen Einfluss bis weit in die Neuzeit

---

[11] Justus Hashagen unterscheidet in seiner "Kulturgeschichte des Mittelal-ters" folgende Zeitepochen: Frühes Mittelalter (375 - 1100 n. Chr.), hohes Mittelalter (1100 - 1300 n. Chr.) und spätes Mittelalter (1300 - 1500 n. Chr.).

wirksam geblieben ist. Schon während der Zeit der Völkerwanderung war es dem sich festigenden Christentum gelungen, den meisten weltlichen Kulturgebieten seinen Stempel aufzudrücken: Wirtschaft, Gesellschaft, Recht, Erziehung, Unterricht, Bildung und Wissenschaft gerieten zunehmend unter seinen Einfluss (vgl. Hashagen, S. 46f.). Die soziologische Gestalt des mittelalterlichen Gemeinwesens, insbesondere dessen ständische Gliederung, entsprach der hierarchischen Ordnung der Kirche, die von dem politisch-sozialen Stufengedanken aristotelischen Gepräges mit beeinflusst wurde, nach dem die einen Menschen zum Herrschen, die anderen zum Dienen bestimmt waren (vgl. ebd., S. 39):

"Auf der obersten Stufe stehen die Priester, an ihrer Spitze die heiligmäßigen Mönche ... . Die tieferen Stufen ... sind den verschiedenen Stufen der Laien vorbehalten, die ... blutentsprossene Geburtsstände und später genossenschaftlich gegliederte Berufsstände, aber noch keine Wirtschaftsklassen sind. Es erscheinen die Fürsten und Ritter, ... die Bürger und Bauern ... . Die untersten Stufen verbleiben den

Tagelöhnern, den Wanderarbeitern, dem spätmittelalterlichen Proletariat der Gesellen und Lehrlinge ..." (Hashagen 1950, S. 126). Eine Schrift aus dem 12. Jahrhundert veranschaulicht die scharfe Ausprägung dieses soziologischen Grundschemas: "Die Bauern sollen, wie es sich gehört, die Bauernarbeit verrichten, und die Knechte sind zum Dienen da. Die Mönche ... aber sind die Ritter des Königs der Könige, und wie die Königstöchter sollen sie in ihren Klöstern der stillen Ruhe pflegen ... Das fehlte noch, dass die Bauern in Faulheit verkämen ..., deren erbliches Los es doch ist, tüchtig zu schaffen; die erlauchten Ritter, die scharfsinnigen Philosophen und geistreichen Gelehrten ... aber sollten sich wie gewöhnliche Hörige mit ungehöriger Knechtsarbeit abgeben!" (Ordericus Vitalis 639, zitiert in Alfons Auer 1966, S. 58).

Nicht nur das Vorhandensein einer statisch-ständischen Gesellschaftsordnung belegt diese Textstelle; die einseitigen Preisungen des kontemplativen Lebens und die abwertenden Äußerungen über die vita activa lassen darüber hinaus das Nachwirken neuplatonischer Motive erkennen. Deren Einfluss dürfte schon deshalb nicht gering zu veranschlagen sein, weil sowohl Augustinus (354 - 430 n. Chr.), dessen Philosophie weithin christlicher Platonismus ist, als auch Thomas von Aquin (1225 - 1274 n. Chr.), aus deren Lehren die mittelalterliche philosophische und theologische Wissenschaft - die Scholastik - im wesentlichen erwuchs, starke Impulse von der geistigen Antike erhielten. Unterstützt von augustinisch-neuplatonischem Gedankengut wurde die handwerkliche Arbeit des Menschen vor dem Hochmittelalter hauptsächlich unter dem Oberbegriff der Sünde und unter dem Aspekt der Nichtigkeit allen menschlichen Handelns gesehen (vgl. Bertram 1935, S. 642). Die in nachapostolischer Zeit einsetzende asketische Wertung der Arbeit als Prophylaxe gegen sündhaftes Tun bekundete sich auch in der neuplatonisch gefärbten Abwertung alles Weltlichen bei Augustin. Wohl in Anlehnung an die damals übliche Exegese von 1. Mose 3, 17ff. forderte er: "Was du auch arbeitest, das arbeitest du dafür, dass du Gott schauest".

Trotz dieser ursprünglich rein asketischen Wertung der Arbeit als Prophylaxe gegen sündhaftes Tun haben insbesondere die Ordensregeln des Benedikt von Nursia (ca. 480 - 547 n. Chr.), die das "labora" als gleichgeordnetes Element des klösterlichen Lebens neben das "ora" stellten, zu einer höheren Einschätzung auch des handwerklichen Tuns im christlichen Mittelalter beigetragen. Dass das junge Christentum trotz seiner betont jenseitigen und vor allem seiner einseitig apokalyptischen Einstellung zu einer realistischen Ethik fand und damit der Gefahr einer spiritualistischen Überspannung entging, lag gewiss mit an dem Erbe, das es aus der bodenständigen Religiosität des Alten Testamentes übernommen hatte (vgl. Auer 1966, S. 35), wie ja überhaupt der ursprüngliche Unterschied des Christentums vom Judentum zunächst nur in der Anerkennung bzw. Nichtanerkennung Jesu als des den Vätern verheißenen Messias lag. Bei näherer Betrachtung des Schöpfungsberichtes können diesem auch Ansätze zu einer höheren Bewertung des Handwerklichen im Verhältnis zum Geistigen entnommen werden: So redete der Schöpfungsbericht der Jahwisten (ca. 950 - 900 v. Chr.) von Gott z. B. als dem Töpfer, der den Ton formt (vgl. 1. Mose 2, 7). In Psalm 8, 4 heißt es: "Wenn ich sehe die Himmel, deiner Finger Werk ...", und in Psalm 19, 2 erzählen "die Himmel ... die Ehre Gottes, und die Feste verkündigt seiner Hände Werk." Demnach war es durchaus üblich, Gott als "Handwerker" zu sehen.

Der jüngere, im 6. - 5. Jhd. v. Chr. entstandene Schöpfungsbericht, die sog. Priesterschrift, bedient sich des Terminus' "bara" (z. B. in 1. Mose 1, 1) für "schaffen", der einerseits die vollendete Mühelosigkeit, andererseits, da er nie mit einer Angabe des Stoffes verbunden wird, den Gedanken des Schaffens aus dem Nichts enthält. Demnach tritt die Tatschöpfung zurück gegenüber der Wortschöpfung, worin eine übergeordnete Wertschätzung des Geistigen gesehen werden kann (vgl. Wright, Sp. 1474).

Mit Thomas von Aquin, für den die Arbeit zur Gottesebenbildlichkeit des Menschen gehörte, da er Gott in Anlehnung an Aristoteles (384 - 322 v. Chr.) als reine Tätigkeit verstand (vgl. Bienert 1957, Sp.

543), weshalb alle Arbeit zumindest theoretisch den Charakter des im Grunde bloß Beiläufigen und Uneigentlichen verlor, den sie durch das Nachwirken der platonischen Ideenlehre angenommen hatte. [12] Diese weltbejahende Aufwertung der Arbeit als einer dem Menschen eigenen Möglichkeit, schöpferisch tätig zu sein und dadurch Gott ähnlich zu werden, darf jedoch nicht über die soziologisch so folgenreiche unterschiedliche Wertung von körperlicher und geistiger Arbeit hinwegtäuschen. Gerade das "größere Verdienst", das Thomas unter dem Einfluss des Aristoteles und des Mönchtums der kontemplativen Betätigung zusprach, hat mit zu der noch heute nicht völlig überwundenen Kluft zwischen allgemeiner und beruflicher Bildung beigetragen. Handwerkliche Arbeit nämlich war für Aristoteles eine Tätigkeit niederen Ranges, "da alle Tätigkeiten in solche der Freien und solche der Nichtfreien zerfallen, so ist es auch klar, dass man sich nur

---

[12] Aristoteles, der von Thomas von Aquin in die christliche Theologie eingeführt wurde, hat Platons Ideenlehre umgestaltet, indem er die Ideen aus ihrer Jenseitigkeit in das Diesseits herabführte und sie als substantielle Formen in die sinnliche Welt hinein verlegte.

an denjenigen unter den nützlichen Tätigkeiten be-
teiligen muss, die einen nicht zu handwerksmäßi-
gem Charakter (banausos) herabdrückt. Einen
solchen handwerksmäßigen Charakter aber muss
man jeder Arbeit (ergon), Kunst (techne) und
Kenntnis (mathesis) zuschreiben, die den Leib oder
die Seele oder den Verstand freier Männer untüchtig macht zur tätigen Ausübung und Anwendung der
Tugend. Wir nennen daher handwerksmäßig alle
solchen Künste, die den Körper in eine schlechtere
Verfassung bringen und auch jede Art von Lohnar-
beit, weil sie das Denken der Muße beraubt und ihm
eine niedrige Richtung gibt" (Aristoteles 1965, S.
269).

400 Jahre später greift Seneca (4 v. Chr. - 65 n.
Chr.) diesen Gedanken in der Epistel 90 seiner
Briefe an Lucilius Iunior [geb. 6 n.Chr., gest. im 1.
Jhd.] auf, wo er darüber nachdenkt, was zuerst in
Gebrauch gekommen sei, der Hammer oder die
Zange: "Beide Erfindungen zeugen von einem ge-
weckten und scharfen, aber nicht von einem großen
und erhabenen Geist. Und so steht es mit allem,

was mit gebeugter Körperhaltung und auf den Boden gerichteter Aufmerksamkeit gesucht werden muss" (zitiert in Klemm 1954, S. 9). Eine weitere geradezu extreme Auswirkung der Vorherrschaft des Geistigen findet sich in der Gnosis, einer religiösen Bewegung der Spätantike, in deren Lehren sich orientalische kosmologische Mythen und christliche Elemente miteinander verbinden. Der Gnostiker Marcion (ca. 85 - 160 n. Chr.) sah im Schöpfergeist des Alten Testamentes einen Demiurgen (gr. demiurgos = Handwerker). Der wahre Gott aber, der in der unerreichbaren Ferne des Jenseits throne, sei reiner Geist (vgl. Adam 1965, S.146). In diesem Zusammenhang sei erwähnt, dass schon Platon [427 - 347 v. Chr.], Anhänger seiner Ideenlehre werden das nicht erwarten, den Demiurgos nicht als "blind" irgendwelche Handlungsanweisungen Ausführenden, vielmehr als einen auch theoretisch vorgebildet Denkenden sieht. "Zur τέχνη gehört die Aufgabe, mit Hilfe von *Kopf* [Hervorhebung vom Verfasser] und Hand mit einer gegebenen Situation fertig zu werden. Sachverstand wird benötigt, um die begrenzten (natürlichen) Gegebenheiten optimal auszunutzen. Im Gegensatz zum allgemeinen Sprachgebrauch lässt Platon eine rein empirisch ausgerichtete Lehre nicht als Voraussetzung für τέχνη gelten, sondern fordert immer auch eine gründliche theoretische Ausbildung, zu der eine Grundbildung in Sport, Musik, Sprache und Mathematik gehört. ... Wahre τέχνη weist ... auf eine dauernd vorhandene Kompetenz bei einer speziellen Berufstätigkeit des Menschen hin" (Waack-Erdmann 2006, S. 261). Doch "die technische Berufsausbildung, die der Vater dem Sohn vererbte, wenn dieser ihm in seinem Handwerk oder Gewerbe folgte, konnte niemals die körperlich-geistige Gesamtbildung ersetzen" (Jaeger 1973, S.365).

Die ständische Abstufung des gesellschaftlichen Lebens, die als gottgewollt angesehen und hingenommen wurde, blieb nicht ohne Einfluss auf das ökonomische Denken jener Zeit. Gewinn und Reichtum waren noch nicht Endzweck allen Wirtschaftens. Als vorrangig galt die Sicherung der Existenz eines jeden je nach dem Stande, den eine als göttlich erachtete Ordnung ihm zugewiesen hatte. Weil einerseits "die Klassen dieser ständischen Zeit das bestehende Klassen- und Ständerecht gegenseitig als etwas Gegebenes, Geheiligtes, auf göttlichem Recht Beruhendes ansahen" (Schmoller 1918, S.173) und andererseits, da mit Christus das entscheidende heilsgeschichtliche Ereignis geschehen sei, ein grundsätzlicher Wandel und Fortschritt als unnötig abgetan werden konnte, entsprach es dem Grundsatz der politischen und sozialen Kontinuität des Mittelalters, eine Konstanz der Erkenntnis und der Kultur anzunehmen. So meinte auch Thomas von Aquin, "dass um die Zeitenwende ... alles Gute im wesentlichen erfunden gewesen sei und dass weitere Erfindungen nur schlecht sein können" (zitiert in: Auer 1966, S. 70).

Vor diesem Hintergrund fanden auch die Zunftordnungen, in denen die Grenzen sehr eng gesteckt wurden, "innerhalb welcher der Gewerbsmann seinen Geist und sein Erfindungsvermögen anspannen konnte" (Stockbauer 1879, S. 127), ihre gleichsam göttliche Rechtfertigung. Auch das 1546 über die

Haftenmacher in Nürnberg verhängte Verbot, den Draht durch gelöcherte Eisen zu ziehen, und die Weisung, ihn weiterhin mit der Hand und dem Schabeisen nach altem Herkommen zu schaben, wird uns eher verständlich (vgl. ebd., S. 127).[13] Solche Beschränkung auf die Erhaltung des Gewonnenen ließ das Mittelalter hinsichtlich seiner technischen Errungenschaften sogar bis vor die römische Zeit zurücksinken: "Lange kannte es weder eine Wasserleitung, noch Kanalisation, noch feste steinerne Brücken. Als Karl der Große bei Mainz eine hölzerne Rheinbrücke errichten ließ, wurde er deswegen ... angestaunt" (Hashagen 1950, S. 212).

---

[13] Von Stockbauer wird uns in diesem Zusammenhang eine weitere, den technischen Fortschritt hemmende Vorschrift vom 9. März des Jahres 1570 überliefert: "Auf Suppliciren der geschwornen und an der gemainen maister des Neberschmidt handtwerckhs wider Hainrich Veit einen Iren mitmaister den neu erfundenen Hauzeug betr., so er bißher zu etlichen gattungen der Segbletter gebrauch, einem gemainen Handtwerckh zu sonderm schaden und nachthail, ist bei einem erbaren Rate verlassen, dass dem Veiten und all anderen Maistern deß Neberschmidt-handtwercks solchen Hauzeug zu gebrauchen endlich abgestellt und durch ein sonder Gesetz verpotten sein soll, bei peen of die verbrecher 5 heller novi; solch Gesetz man also zu anderen ihrer Handtwercksordnung einverleiben soll" (Stockbauer 1879, S.127).

41

3.2 Die göttliche Abkunft allen beruflichen Tuns

Die überragende Stellung, die das Christentum im Mittelalter einnahm, zog auch das berufliche Leben jener Zeit in seinen Einflussbereich. Doch bewirkte das Christentum nicht eine so große Veränderung der Bewertung der Arbeit, insbesondere der Sklavenarbeit, die man ihm theologischerseits gerne zumisst (vgl. Dunkmann 1922, S. 167). Die positive Einstellung des Judentums zu Arbeit und Beruf, wie überhaupt zu allem Diesseitigen, [14] ging zwar nicht völlig verloren, doch wurde sie zurückgedrängt und überlagert von der jenseitsorientierten Blickrichtung der augustinisch-platonisch beeinflussten frühchristlichen Lehre, die eine berufliche Bindung an das Diesseits erschwerte. Dennoch werden wir hier unterscheiden müssen zwischen dem, was die Erfordernisse des Lebens etwa bei der Erfüllung des Missionsauftrages verlangten. Das Christentum,

---

[14] Ein bekanntes Beispiel dessen ist der Nachweis einer jüdischen Mutter, nicht eines jüdischen Vaters (!), um jüdischer Herkunft zu sein.

wenn es seine Lehre zur wirksamen und dauernden Entfaltung bringen wollte, musste seine Kräfte dort einsetzen, wo sich das Leben jener Zeit am unmittelbarsten und ursprünglichsten äußerte: in der Wirtschaft. Aus dieser Sicht wird der Zwiespalt zwischen weltabgewandter Betonung des kontemplativen Lebens in den Klöstern und gleichzeitiger weltbejahender Hinwendung zu tätiger Arbeit aufgehoben, und es wird verständlich, dass die "Mönchsorden die ersten Pflegestätten des beruflichen gemeinschaftlichen Wirkens" (Dunkmann 1922, S. 167) werden konnten. So berichtet Henri Rondet in seiner Theologie der Arbeit, dass zur Zeit Karls des Großen in der Abtei St. Riquier 14.000 in Gilden gegliederte Menschen versammelt gewesen seien, darunter Schmiede, Sattler, Bäcker, Schuster und sogar Schankwirte (vgl. Rondet 1956, S. 44). Mit Thomas von Aquin (1225 - 1274 n. Chr.) und Martin Luther (1483 - 1546 n. Chr.) wurde dieser Zwiespalt geistig völlig überwunden, weil sie den schaffenden Menschen als Beauftragten und Mitarbeiter Gottes verstanden: "Im Innersten jedes geschöpflichen

Wirkgrundes" sieht Thomas "ein verborgenes Streben, die schöpferische Fruchtbarkeit Gottes nachzuahmen, und das Bemühen, dem Gott, dessen Wesen sein Tun ist, ähnlich zu werden. Jede Bewegungs- und Lebensübertragung ist eine Nachahmung der ursprünglichen göttlichen Schöpfungstat" (Thomas von Aquin 1951, S. 471). Auch Luther sah den Zusammenhang des Berufsgedankens mit dem Schöpfungsgedanken: "Die Schöpfung, Gottes Werk, wird ausgeführt mit dem berufstreuen Menschen als cooperator ... Der Beruf und der Berufsmensch sind als Werkzeuge und Mittel hineingestellt in die fortlaufende Schöpfung Gottes" (Wingren 1952, S. 89, ähnlich S. 118; vgl. auch Auer 1953, S.12). Diese Denkweise lässt uns verstehen, weshalb Luther in seiner Bibelübersetzung (Sirach 11, 20 f. und 1. Korinther 7, 20 f.) das Wort "Beruf" als einen ursprünglich religiösen Zentralbegriff in die deutsche Umgangssprache einführte, und dass die vocatio, die Berufung durch Gott, ein Kernstück des mittelalterlichen Berufsverständnisses bildete (vgl. Auer 1966, S. 70 und 74).

3.3 Die ständische Gliederung der Gesellschaft

Die herrschaftsständische Gliederung der mittelalterlichen Gesellschaft fand ihren Niederschlag auch in den städtischen Gemeinwesen, innerhalb derer es "dreyerley Bürger und Inwohner" gab: "... gemeyne Bürger und Handwercker, Kauff- und Gewerbs-Leut, und andere, so im Rath von Geschlechten, oder sonst ehrlich Herkommens, und ihrer Zinß und Renthen sich ernehren" (Proesler 1954, S. 2). Damit "in jeglichem Stand unterschiedlich Erkänntnüß sein mög", befahl Kaiser Karl V., "daß die gemeine Bürger, Handwerker und gemeine Krämer, kein Gold, Silber, Perlin, Sammet oder Seyden, noch gestickelt, zerschnitten, oder verbremte Kleider, deßgleich kein Biret, auch kein Marder, oder dergleichen köstlich Futter tragen, sondern sich mit ziemlicher, gebührlicher Tracht, auch von rauhen Futtern, mit geringen Möschen, Fuchsen, Iltes, Lämmern und dergleichen, begnügen lassen sollen ... Item: Sollen die Handwercksknecht und Gesellen kein Gold, Silber,

Seyden oder Straußfedern tragen, auch kein zer-
hauen oder zerschnitten Kleid anmachen lassen,
sich, auch sonst in ihrer Tracht nicht anders halten,
dann jetzo von Handwerckern in Städten gemeldt
ist. Wäre es aber Sach, daß ein solcher
Handwercker in einer Stadt in Rath wird erwählt,
alsdann soll derselb mit Kleidung sich nicht anderst,
als hernach von Kauffleuten gemeldt wird, zu halten
Macht haben" (Proesler 1954, S. 2 f.) [15]

Dieser Text verdeutlicht in besonders anschaulicher
Weise den soziologischen Standort der mittelalterlichen Handwerker. Wir können ferner vermuten,
dass der Wunsch, einen bestimmten Beruf zu er-
greifen, sich im wesentlichen auf die Anerkennung
derjenigen Wegweisung beschränkt haben dürfte,
die von der ständischen Lebensordnung selbst un-
verkennbar geboten wurde (vgl. Barth 1933/34, S.
55).

---

[15] Orthographie und Interpunktion dieses Textes bleiben unverändert; die
vielen, in diesem Zusammenhang unwesentlichen Hervorhebungen werden nicht übernommen.

Indirekt jedoch lässt die Tatsache, dass der Reichs-
tag .zu Augsburg (1530 n. Chr.) sich der Kleidung
als eines äußeren Zeichens der Standeszugehörig-
keit annahm, auf eine recht häufige Missachtung
der Kleidervorschriften schließen. Hierin kündigt
sich die beginnende Überwindung der herrschafts-
ständischen Ordnungen durch das Aufkommen der
Städte mit ihren Gilden und Zünften an (vgl. Auer
1966, S. 49). Die Städte nämlich hatten, da sie den
Marktherren ein Recht nach dem anderen abkaufen
konnten, im Laufe der Zeit eine Reihe von Vorrech-
ten gewonnen: unter anderem das Recht, sich
selbst zu verwalten. Gelangten die Städte in den
Besitz dieser Rechte, so trat an die Stelle des
Marktherrn fortan der "Ehrbare Rat". Das Bürgertum
der mittelalterlichen Städte bestand dennoch - die
erwähnten Reichstagsbeschlüsse bezeugen das -
aus gegliederten Ständen mit herrschaftlichen "Geschlechtern", denen die Stadtverwaltung und die
Gerichtsbarkeit oblag. Die Mitglieder des "Ehrbaren
Rates" waren zunächst Adelige oder ihnen gleich-
gestellte "Patrizier". Später konnten auch begüterte

Großkaufleute in diese Stadtgeschlechter Aufnahme finden, wie umgekehrt, mit wachsendem Einfluss der Zünfte, Patrizier sich in Handwerkerzünfte aufnehmen ließen (vgl. Steinbüchel 1935, S.287).

Schon die steigende Mitgliederzahl der Zünfte durch Zuwanderer aus ländlichen Gebieten ließ deren Einfluss größer werden. Die Zahl dieser Zuwanderer nahm seit dem Ende des zehnten Jahrhunderts ständig zu, weil die "Stadtluft" frei, d. h. unabhängig von den bisherigen Grundherren machte, von denen man sich entweder loskaufen konnte oder denen man weiter zinsen musste. Ein in die Stadt entkommener Leibeigener, der nicht binnen Jahresfrist von seinem Herrn zurückgerufen wurde, galt als frei (vgl. ebd., S. 288). Diese freien Arbeiter, meist kleinere Händler und Handwerker, schlossen sich im Kampf gegen den mächtigen Geschlechteradel der Städte den Gilden und Zünften an.

3.4 Das Zunftwesen

Das Zunftwesen weist in manchen Elementen zurück auf das römische Recht der Korporationen und

Kollegien (vgl. Schulz-Falkenthal 1970, S. 41ff.).
Diese haben - wie es auch Aufgabe der mittelalterlichen Zünfte war - u.a. öffentliche Aufgaben, wie
z.B. die Organisation der Steuererhebung, auch
kennen sie Satzungen (leges), für die Mitglieder
verbindliche Beschlussfassungen und eine interne
Unterstellung der 'corporati' unter einen Vorstand
(vgl. Alte Geschichte im www. Ausgabe AGiW 31,
SS 2015, Epoche 8; aufgerufen am 18.04.2017).

Für das Entstehen und Erstarken der Zünfte waren
der im Mittelalter herrschende genossenschaftliche
Geist, die gegenseitige Verbundenheit und Abhängigkeit, der feste Zusammenhalt von Person zu
Person, mit einem Wort der im germanischen
Brauchtum wurzelnde Kollektivismus und Solidar-
ismus von großer Bedeutung. Ein Indiz hierfür ist
die von Tacitus lobend erwähnte Gastfreundschaft
der Germanen: "Einem Sterblichen, gleich wem,
sein Haus zu verwehren gilt als Frevel. Jeder bewir-
tet mit einem seinen Verhältnissen entsprechenden
Essen. Ist dies ausgegangen, so wird der bisherige
Wirt Wegweiser und Begleiter zu einem anderen

Gastgeber, und uneingeladen gehen sie in das nächste Haus. Und es macht dies nichts aus: mit gleicher Freundlichkeit werden sie aufgenommen" (Tacitus 2013, S.79). Es entsprach dies der bei den Germanen üblichen Verpflichtung "zu gegenseitiger Hülfe in allen üblichen Dingen und dem Grundsatz der Gilden 'iunus subveniat alteri tamquam fratri suo in utili et honesto' [Einer soll dem anderen wie seinem Bruder bei Nützlichem und Ehrenhaftem helfen]" (Wilda 1960, S. 140).

Auch, wer sich zu Leistungen auf dem Gebiet der höheren Geisteskultur berufen und befähigt glaubte, arbeitete zunächst im genossenschaftlichen Rahmen und fügte sich ihm ein. Das war der Sinn der Bauhütten, der Malerschulen und der kunstgewerblichen Werkstätten. So war z. B. Albrecht Dürer von 1486 - 1490 n. Chr. Lehrling bei Michael Wohlgemut, dem damals angesehensten Maler in Nürnberg (vgl. Dunkmann 1922, S.70). Dieser kollektivistische Geist half den Zünften, und damit insbesondere den kleinbürgerlichen Handwerkern, in langen und zuweilen auch schweren Auseinandersetzungen mit den "Geschlechtern" im Laufe des 14. Jahrhunderts ihren Anteil am Stadtregiment endgültig zu erkämpfen (vgl. Steinbüchel 1935, S. 292). Diese auch politische Macht der Zünfte ist insofern wichtig, als sie auf der Grundlage des von ihnen errungenen Anteils an den obrigkeitlichen Rechten ihre eigenständigen, das Handwerk und die Berufsausbildung lange Zeit prägenden Ausbildungsformen entwickeln konnten (vgl. Schmoller 1921, S. 29); denn "erst mit dem Aufkommen der mittelalterlichen Berufsgemeinschaften, der Zünfte, Gilden und Innungen entwickelt[e] sich die Berufsausbildung zur ordentlichen Lehre" (Beyer 1938, S. 5). Als sich das Handwerk gerade erst aus seiner hofrechtlichen Gebundenheit zur städtischen Freiheit emporgearbeitet hatte, dürfte es ein ausgeprägtes Lehrlingswesen noch nicht gekannt haben. Urkunden der Stadt Basel aus den Jahren 1248 und 1271 stützen diese Annahme, weil in ihnen nur von Handwerksknechten, nicht aber von Gesellen und Lehrlingen die Rede ist. [16] Erst im Spätmittelalter wird sich das von

---

[16] Zitiert in: Das Lehrlingswesen und die Berufserziehung des gewerblichen

den Zünften geschaffene Ausbildungs- und Erziehungsmodell der handwerklichen Meisterlehre mit seiner Aufstiegsmöglichkeit vom Lehrling über den Gesellen zum Meister in Parallele zur ritterlichen Erziehung vom Pagen über den Knappen zum Ritter endgültig durchgesetzt haben, und erst von da an kann im eigentlichen Sinne umfänglich von einer "Lehrzeit" gesprochen werden. Mit dem Eintritt in solche geregelte und meist auch vertraglich gesicherte Lehre [17] wurde der junge Mensch den umfassenden Lebensordnungen der Zunft unterworfen. Die Zunftorgane überwachten die Ausbildung des gewerblichen Nachwuchses, und vor der Zunftversammlung wurde der Lehrling eingeschrieben. Die Ausbildung war also nicht nur Privatsache der im engeren Sinne an ihr Beteiligten. Das entsprach

---

Nachwuchses. Vorbericht und Verhandlungen der 5. Konferenz der Zentralstelle für Volkswohlfahrt am 19. und 20. Juni 1911 in Elberfeld. Schriften der Zentralstelle für Volkswohlfahrt, H. 7 (der neuen Folge). Berlin 1912, S.4.

[17] Lehrvertragsähnliche Abkommen dürfte es allerdings schon früher gegeben haben. So berichtet Ragaz-Pfyffer über einen Lehrvertrag aus dem Jahre 66 n. Chr., der in Ägypten auf Papyrus geschrieben wurde (vgl. Ragaz-Pfyffer 1929, S.34).

dem genossenschaftlichen Gedanken als ideellem und reellem Kernstück des Zunftwesens.

Die Teilhabe des Lehrlings am Leben der übergreifenden Berufsgenossenschaft ließ ihn wie selbstverständlich auch in das größere politische Gebilde des Stadtwesens hineinwachsen, da ein Großteil der Meister eine öffentliche Funktion zu erfüllen hatte, wie z. B. als Mitglied des Rates der Stadt, wodurch das politische Interesse auch bei den Lehrlingen und Gesellen wachgehalten wurde (vgl. Auer 1966, S. 157). "Die Zunft war politisch ein Abbild der Stadt im kleinen, militärisch eine Abteilung des Stadtheeres, religiös eine Bruderschaft, ... wirtschaftlich eine Produktivgenossenschaft" (Dunkmann 1922, S. 72). Das private und das öffentliche Leben bildete in weiten Bereichen noch eine Einheit; wuchs man in das eine hinein, dann auch in das andere.

Der genossenschaftliche, auf das Gemeinwohl abzielende Charakter der Zünfte gab dem Gesellen und dem Lehrling soziale Sicherheit. Das galt zumindest für die Blütezeit des Handwerks vom 14.

bis zum 16. Jahrhundert, in der das zahlenmäßige Verhältnis zwischen Lehrlingen, Gesellen und Meistern so ausbalanciert war, dass die Gesellen Aussicht auf Selbständigkeit nach der Meisterprüfung hatten. "Der Geselle ist nicht mehr Lehrling, sondern Anwärter auf die Meisterschaft, mit der Anerkennung eines Meisterstückes erwirbt er sich den Meistertitel" (Rondet 1956, S. 45). Diese soziologisch bedeutsame Regelung beeinflusste auch die Berufsausbildung. Einmal bedeutete sie einen Ansporn für die Lehrlinge und Gesellen, die Lehr-, Gesellen- und Wanderjahre durchzustehen, da sie gleichsam eine Anwartschaft darauf hatten, eines Tages selbst Meister zu werden, zum anderen verpflichtete sie die Meister, dem beruflichen Nachwuchs eine qualifizierte Ausbildung zu geben. Das Bestreben, jeden, der sich einer Zunft anschloss bzw. in sie aufgenommen wurde, eines Tages Meister werden zu lassen, dürfte mit zu der Vielzahl von Reglementierungen des handwerklichen Lebens durch die Zünfte beigetragen haben; denn nur so konnte die soziale Sicherung des einzelnen gewährleistet werden. Nehmen wir hierzu noch die unterschiedlichen wirtschaftlichen Gegebenheiten der einzelnen Gemeinwesen und der verschiedenen Gewerbe mit in den Blick, so wird verständlich, weshalb die Zünfte etwa seit dem Ende des 13. Jahrhunderts alle die Berufsausbildung und - erziehung betreffenden Fragen streng und zum Teil auch sehr unterschiedlich regelten: Im allgemeinen wurde gefordert, dass nur junge Leute, die "frei und ehelich geboren seyn und dies alles gehörig nachweisen können" (Ragaz-Pfyffer 1929, S. 14) als Lehrlinge anzunehmen seien. Eine Zunftordnung des Pfister-Gewerbes von 1577 n. Chr. legte fest, dass "kein Meister einem Verheirateten das Handwerk lehren darf" (Ebd, S. 54.). Als Aufnahmealter galt in der Regel das 12. - 18. Lebensjahr. Die Dauer der Lehrzeit war nicht einheitlich festgelegt. Sie schwankte je nach dem Schwierigkeitsgrad des betreffenden Handwerkes, wahrscheinlich auch je nach Gutdünken der Zunftgenossenschaft, zwischen 1 - 8 Jahren. Während dieser Zeit musste der Lehrling "seinem Meister und [seiner] ... Meisterin gehorsam, auch sonsten fleyßig seyn, des Sonntags zur Kirchen gehn und Gottes Wort anhören"; auch durfte er "ohne Erlaubnis seines Meisters oder [seiner] ... Meisterin nicht ausgehn, viel weniger des Nachts aus dem Hause bleiben, auch nicht dobbeln, spielen, sauffen oder sonsten ungebührlich sich verhalten". [18] Der Lehrling galt als Mitglied der Meisterfamilie. Die Bedeutung der Familie als Trägerin der beruflichen Erziehung war also keineswegs geringer geworden als vor dem Entstehen der Zünfte. Ein Unterschied bestand nur insofern, als die Verantwortung für eine ordnungsgemäße Ausbildung und Erziehung organisatorisch wie pädagogisch vom engeren Familienverband auf die Zunftgenossenschaft übertragen und damit zu einer gleichsam öffentlichen Aufgabe wurde. Letztlich und im engeren Sinne aber war es nach wie vor die Familie des Meisters, die den Lehrling fachlich ausbilden und für das bürgerliche Leben erziehen sollte. "Es solle der Meister seinen Lehrjungen alles dasjenige, so zum

---

[18]   Aus einer alten Kieler Verordnung; zitiert in Urbschat 1936, S. 18.

Handwerk gehörig trewlich lehren und underweisen und ihme daran nichts verhalten oder verschweigen ... "(Schmoller 1879, S. 334). In einem weiteren Sinne wirkte natürlich auch die Teilhabe des Lehrlings an den Gepflogenheiten und Riten der Zünfte auf diesen ein. Somit waren die Zünfte "auch ... an der persönlichen Erziehung des Jugendlichen beteiligt" (Beyer 1938, S.11). Dies insbesondere deshalb, weil der Lehrling Mitglied der Meisterfamilie war. Die Bedeutung der Familie als Trägerin der beruflichen Erziehung war also keineswegs geringer geworden als vor dem Entstehen der Zünfte. Ein Unterschied bestand nur insofern, als die Verantwortung für eine ordnungsgemäße Ausbildung und Erziehung organisatorisch wie pädagogisch vom engeren Familienverband auf die Zunftgenossenschaft übertragen wurde. Letztlich aber war es nach wie vor die Familie des Meisters, die den Lehrling fachlich ausbilden und für das bürgerliche Leben erziehen sollte.

3.5 Die Bedeutung der Familie als Trägerin der beruflichen Erziehung

In der Familie, so meint René König, wird "die sozial-kulturelle Persönlichkeit ... bis zu einer solchen Tiefe geformt, die schlechterdings durch keine andere soziale Ordnung erreicht wird" (König 1951, S. 232). Wenn diese Aussage heute, da die Familie in gewisser Weise ihren prägenden Zusammenhalt zu verlieren begriffen ist, letztlich nicht widerlegt werden kann, um wie Vieles mehr muss sie dann für die von uns ins Auge gefasste Zeit des Zunftwesens gelten, in der die Familie noch die gesamte "Hausgenossenschaft" umschloss. Neben der bereits erwähnten Verwobenheit des Privaten mit dem Öffentlichen stand die Einheit der beruflichen und der privaten Sphäre in der Handwerkerfamilie, die gleichzeitig und unteilbar Arbeitsgemeinschaft war (vgl. Münch 1961, S. 19). "Diese Familie ist Arbeits- und Wirtschaftszelle ..., die die jungen Menschen ... mit Aufgaben in sich hineinnimmt, sie formt, [in] ihnen Selbstbewußtsein, Kraft und Fertigkeiten entfaltet, ihnen im Vollzug der mannigfachen Arbeiten

Arbeits- ..., Gemeinschaftsethos und Wissen ... vermittelt - ohne Lehrveranstaltung und Absicht" (Blättner 1956, S. 213). "Das Ziel der [beruflichen] Erziehung wird zweifellos am besten und sichersten erreicht, ... wenn der junge Mensch gleichsam von selbst in den zukünftigen Beruf hineinwächst" (Kühne 1912, S.354). Weniger in bewussten Maßnahmen, mehr noch im täglichen Umgang vollzog sich die Ausbildung und Erziehung des Lehrlings.

Mit welchen Methoden der Handwerksmeister seine Erziehungsaufgabe zu erfüllen trachtete, kann nicht eindeutig nachgewiesen werden, wie überhaupt eine "Methodik der Handwerkslehre" für die Zeit des Zunftwesens im einzelnen nicht rekonstruierbar sein dürfte. Bis zum Beginn des 20. Jahrhunderts wird sich hieran im großen und ganzen kaum etwas geändert haben. Noch Karl Bücher führt in seinem im Jahr 1879 veröffentlichten "Gutachten über das gewerbliche Bildungswesen" aus, dass es "eine eigne planmäßige Unterweisung ... in der Werkstätte immer nur vereinzelt gegeben" (Bücher 1879, S. 142) habe.

Nur in der im lebendigen Umgang gewonnenen Erfahrung, im "Vormachen" und im "Nachmachen" können wir die Umrisse eines quasi-methodischen Gerüstes der beruflichen Ertüchtigung jener Zeit erkennen. Von einer eigentlichen Lehrmethode als einer durchdachten und bewusst angewandten Vorgehensweise kann in der durch Brauchtum und Sitte geprägten handwerklichen Familienerziehung noch nicht gesprochen werden. [19] Die vitale Dichte und Intensität des beruflichen, privaten und öffentlichen Lebens innerhalb der Meisterfamilie, die in sich - mehr oder weniger - das ganze Leben enthielt, denn "die frühere handwerkliche Welt ... hatte ihren Feierabend, ihren Sonntag, ihre - familienkonformen - Sitten und Gebräuche, ihren Bezug zu Kirche und Gemeinwesen" (Groothoff, S. 5), weshalb sie einer intentionalen, methodisch aufbereiteten Lehre noch entraten konnte.

---

[19] Im traditionsgebundenen Mittelalter ist kaum ein Kulturgebiet aufzufinden, "in dem sich nicht die 'Sitte' als eine beherrschende Macht festgesetzt und für sich Dominanz beansprucht hätte" (Hashagen 1950, S. 185).

Auch die Inhalte der dem beruflichen Nachwuchs zu vermittelnden Lehrgüter unterlagen keiner kritischen Reflexion. Sie wurde, falls sie überhaupt vorgenommen worden sein sollte, behindert durch die "beinahe göttliche Verehrung, die die Überlieferung, die Tradition, auch wenn sie voll von Widersprüchen oder sogar völlig töricht war, im konservativen Mittelalter genoß" (Hashagen 1950, S. 155). Abgesehen von meist sehr allgemein gehaltenen Ausbildungsvorschriften, wie zum Beispiel, dass "... der Meister seinem Lehrjungen alles dasjenige, so [traditionsgemäß] zum Handwerk gehörig, trewlich lehren und underweisen ..." (Schmoller 1879, S. 334) solle, enthalten die Zunftordnungen fast keine die gewerblichen Lehrinhalte näher erläuternden Angaben.

Weitaus häufiger aber finden sich bis ins einzelne gehende Anstandsregeln (vgl. Beyer 1938, S. 11) und Vorschriften über das häusliche Betragen der Lehrlinge (vgl. Stratmann 1967, S. 34). Über dreißig "Lehrburschenregeln" eines "Handbuch[es] für alle Handwerksmeister, Gesellen und Lehrbursche, zur

Beförderung der häuslichen Ordnung" aus dem Jahr 1784 beziehen sich auf die richtigen Umgangsformen des Lehrlings (vgl. ebd., S 38). Sie verweisen auf den noch über die Blütezeit des Zunftwesens hinaus [20] wirksam gebliebenen familiären Charakter der Erziehung innerhalb der Handwerkslehre. In diesem Zusammenhang muss jedoch bedacht werden, dass dem pädagogischen Vorteil der Einheit und Totalität einer Handwerkserziehung in der Familie eine beträchtliche innere Gefährdung entsprach, weil der Lehrling in einem heute kaum noch vorstellbaren Maße der Erziehungsgewalt seines Meisters unterstand. So mahnte die württembergische Färber-Ordnung vom 30. Mai 1706 den Meister, "mit der Zucht ... gebührende Bescheidenheit" walten zu lassen "und also den Jungen, so ihme

---

[20] Seit dem 16. Jahrhundert erstarrten die Zünfte durch egoistischen Abschluss nach außen und durch die Ablehnung technischer Neuerungen zunehmend zu wirtschaftlichen Interessenverbänden, die in engherziger Sorge um ihr eigenes Wohl die Konkurrenz der anderen auszuschließen suchten.

vertrauet, für einen Menschen und kein Vieh zu halten." [21]

Solcher Missbrauch einer ursprünglich im guten Sinn patriarchalisch gemeinten Familienerziehung zeigt den Verfall des Leitbildes einer richtigen Zunfterziehung an. Trotz des Niederganges der einst dem Wohle aller sich verpflichtet fühlenden Zunftgenossenschaften seit dem 16. Jahrhundert und insbesondere seit dem Aufkommen des Industriezeitalters, hat die Handwerkslehre von allen Erziehungs- und Ausbildungsmodellen am längsten den Charakter einer Familienerziehung bewahrt. Auch wird sich das Handwerk dem Einwand nicht völlig entziehen können, lange Zeit hindurch, bis ins 19. Jahrhundert, zum Teil bis ins 20. Jahrhundert hinein, einem traditional-konservativen, dem Zunftwesen verhafteten Denken gehuldigt zu haben, das spätestens seit dem Zeitalter der Industrialisierung und dem dadurch bedingten Strukturwandel des

---

[21] Art. Wie sich die Meister gegen die Lehr-Knaben verhalten sollen. In: Sammlung derer samtlichen Handwercksordnungen des Herzogthumes Würtemberg. Stuttgart 1758, S. 206.

Handwerks mit zu einer zeitweise krisenhaften Entwicklung der gewerblichen Berufsausbildung beigetragen hat. So können wir in einem im Jahre 1957 in
der 28. Auflage (333. - 340. Tausend) erschiene-
nem "Vorbereitungsbuch zur Meisterprüfung, Lehr-
und Nachschlagebuch für jeden Handwerker" lesen,
dass die "Frau Meisterin ... bis auf den heutigen Tag
... die Hüterin der Meisterfamilie" als der "Keimzelle
eines starken Handwerkertumes" (Möller 1957, S.
36) sei. [22] Demnach erweist sich "das Fortbestehen
der traditionellen Berufsordnung" bis zur Mitte des
20. Jahrhunderts "als eine typische Ideologie ...,
sofern sie noch immer an 'zünftige' Vorstellungen
anknüpft" (Scharmann 1956, S. 266). "Zünftige"
Vorstellungen - das möge die vorliegende Abhand-
lung verdeutlichen, gibt es nicht erst seit der Zeit
des Entstehens von Zünften im 12. und 13. Jahr-

---

[22] Auch stelle "die Lehrwerkstätte nur eine Notlösung dar ...; für den Hand-
werkslehrling ... kann sie ... die Meisterlehre nicht ersetzen. Abgesehen
von dem erheblichen Kostenaufwand ... spricht gegen diese Art der Ausbildung vor allem der Umstand, daß die persönliche Verbindung zwischen dem Lehrer und dem Lernenden nicht in der Weise gegeben ist,
wie nach jahrhundertealter Tradition [!] zwischen Meister und Lehrling. ...
Vor allem aber soll der Lehrling nicht nur Fertigkeiten erlernen, sondern
als ein lebendiges Glied in den Handwerkerstand [!] hineinwachsen, was
nur bei einer menschlichen Verbindung zu einer Meisterfamilie erreicht
werden kann" (Möller 1957, S. 33f.).

hundert (vgl. Keller 2014, S. 79), mannigfache Belege zünftlerischen Denkens und Handelns finden sich bereits in der Antike; insbesondere zeigen dies die gewählten Beispiele Babyloniens und Judäas, die von Althistorikern um das antike Hellas und Rom [hierzu sei auf die Publikationen von Mickwitz, Schulz-Falkenthal und Waltzing verwiesen] erweitert werden mögen.

Literatur:

Adam, Alfred: Lehrbuch der Dogmengeschichte, Bd. I. Die Zeit der Alten Kirche. Gütersloh 1965.

Alte Geschichte im www. Experimentelles WWW-Projekt für wissenschaftliche Publikation, Lehre, Diskussion und Nachrichten auf dem Gebiet der Alten- und Allgemein-Geschichte mit ihrer Wirkungsgeschichte bis heute (AGiW). Ausgabe AGiW 31, Epoche 8: Zunft-, Gilden-, Ordens- und sonstiges Gemeinschaftswesen. SS 2015. Aufgerufen am 07.07.2015.

Aristoteles: Politik. Nach der Übersetzung von Fr. Susemihl. Griechische Literatur, Bd. 8. Reinbek 1965.

Auer, Alfons: Zum christlichen Verständnis der Berufsarbeit. Rottenburg 1953. Nach Thomas von Aquin und Martin Luther. Beiträge zur Begegnung von Kirche und Welt, Nr. 8, Rottenburg 1953.

Auer, Alfons: Christsein im Beruf. Düsseldorf 1966.

Babylonischer Talmud, 6 Bände, erschienen im Jüdischen Verlag Berlin 1929.

Vgl. http://www.judentum.org/talmud/babylonischer-talmud.htm; aufgerufen am 18.04.2017.

Barth, Heinrich: Beruf und Berufung. In: Blätter für Deutsche Philosophie, Bd. 7, Jg. 1933/34, S. 53 - 59.

Bertram, Georg, Art. ergon. In: Theologisches Wörterbuch zum Neuen Testament, Bd. II. Stuttgart 1935.

Beyer, Werner: Die Entwicklung des Lehrverhältnisses unter besonderer Berücksichtigung seiner gemeinschaftsgebundenen Abhängigkeit. Schriften des Instituts für Arbeitsrecht an der Universität Leipzig, H. 41. Weimar 1938.

Bienert, Walther: Die Arbeit nach der Lehre der Bibel. Stuttgart 1954.

Bienert, Walther, Art. Arbeit. In: Die Religion in Geschichte und Gegenwart. Tübingen 1957, Sp. 543.

Blättner, Fritz: Jugend in Familie, Schule und Beruf. In: Zeitschrift für Pädagogik, Jg. 2, Bd. 2. Weinheim 1956, S. 205 - 224.

Blaufuss, Hans: Aboda zara, übersetzt und mit vornehmlicher Berücksichtigung der Altertümer erklärt. Beilage zum Jahresberichte des Königl. Neuen Gymnasiums zu Nürnberg für das Schuljahr 1915/16. Buchdruckerei von J. I. Stich. Nürnberg 1916.

Brendebach, Peter: Berufsausbildung in der Antike. München 2005.

Bücher, Karl: Gutachten über das gewerbliche Bildungswesen. In: Schriften des Vereins für Sozialpolitik, Bd. XV. Das gewerbliche Bildungswesen. Leipzig 1879, S. 139 - 154.

Cech, Brigitte: Technik in der Antike. Darmstadt 2012.

Das Alte Testament Deutsch. Neues Göttinger Bibelwerk. Teilband 2/4. Das erste Buch Mose, Genesis. Übersetzt und erklärt von Gerhard von Rad. Göttingen 1964.

Das Lehrlingswesen und die Berufserziehung des gewerblichen Nachwuchses. Vorbericht und Verhandlungen der 5. Konferenz der Zentralstelle für Volkswohlfahrt am 19. und 20. Juni 1911 in Elberfeld. Schriften der Zentralstelle für Volkswohlfahrt, H. 7 (der neuen Folge). Berlin 1912.

Delitzsch, Franz: Jüdisches Handwerkerleben. Erlangen 1879.

Die Barajtha von der Herstellung der Stiftshütte, nach der Münchener Handschrift Cod. Hebr. 95 herausgegeben, übersetzt u. aus der rabbinischen Literatur erläutert, Inaugural-Dissertation von Heinrich Flesch. Universität Zürich 1892.

Dolch, Josef: Lehrlingswesen in Altgriechenland. In: Berufserziehung, Jg. 1 (1949/50), H. 3, . 9 -18.

Dunkmann, Karl: Die Lehre vom Beruf. Berlin 1922.

Edelstein, Ludwig: Der Hippokratische Eid. Zürich und Stuttgart 1969.

Eilers, Wilhelm: Die Gesetzesstele Chammurabis. Gesetze um die Wende des dritten vorchristlichen

Jahrhunderts. In: Der alte Orient, Bd. 31, H. 3/4. Leipzig 1932.

Groothoff, Hans-Hermann: Berufsausbildung und Berufsschule - Gedanken zu einem neuen pädagogischen Problem. In: Gewerkschaftliche Beiträge zu Fragen der Berufsbildung, H. 4. Hrsg. v. DGB-Bundesvorstand, Abt. Berufliches Bildungswesen, o. O., o. J, S. 2 - 7.

Hashagen, Justus: Kulturgeschichte des Mittelalters. Hamburg 1950.

Historia Mundi. Ein Handbuch der Weltgeschichte in zehn Bänden. Begründet von Fritz Kern. In Verbindung mit William Foxwell Albright u.a.. Hrsg.v. Fritz Valjavec unter Mitwirkung des Instituts für Europäische Geschichte in Mainz. Zweiter Band: Grundlagen und Entfaltung der ältesten Hochkulturen. Bern 1953.

Jaeger, Werner: Paideia. Die Formung des griechischen Menschen. Berlin und New York 1973.

Kalischer, Salomon: Die Wertschätzung der Arbeit in Bibel und Talmud. Berlin 1912.

Keller, Katrin: Mittelalter - Handwerk und die Ordnung der bürgerlichen Welt. In: Handwerk - von den Anfängen bis zur Gegenwart. Hrsg. v. Elkar, Rainer, Keller, Katrin und Schneider, Helmuth. Darmstadt 2014, S. 77 - 113.

Kidduschin ist ein Traktat der Ordnung Naschim in der Mischna im 1. von 6 Bänden des Babylonischen Talmuds, erschienen im Jüdischen Verlag Berlin1929.

Vgl. http://www.judentum.org/talmud/babylonischer-talmud.htm; aufgerufen am 18.04.2017.

Kaiser, Otto: Weisheit für das Leben. Das Buch Jesus Sirach, übersetzt und eingeleitet. Radius Verlag, Stuttgart 2005.

Klemm, Friedrich: Technik - eine Geschichte ihrer Probleme. Freiburg 1954.

Klengel, Horst: König Hammurabi und der Alltag Babylons. Düsseldorf und Zürich 1999.

König, René: Abhängigkeit und Selbständigkeit in der Familie. In: Abhängigkeit und Selbständigkeit im sozialen Leben. Hrsg. v. Leopold von Wiese. Köln und Opladen 1951, S. 232 - 244.

Kolb, Anne: Lehrlingsausbildung im Imperium Romanum. In: bbaktuell. News aus der Berufsbildung. Hrsg v. Schweizerische Berufsbildungsämter-Konferenz (SBBK), H. 194 vom 29. Mai. Zürich 2007, S. 1 - 4.

Kühne, Alfred: Grundfragen der Berufserziehung und des Lehrlingswesens. In: das Lehrlingswesen und die Berufserziehung des gewerblichen Nachwuchses. Vorbericht und Verhandlungen der 5. Konferenz der Zentralstelle für Volkswohlfahrt am 19. und 20. Juni 1911 in Elberfeld. Schriften der Zentralstelle für Volkswohlfahrt, H. 7 (der neuen Folge). Berlin 1912, S. 354 - 363.

Lohmann, Ingrid: Erziehung und Bildung im antiken Israel und im frühen Judentum. In: Handbuch der

Erziehung und Bildung in der Antike. Hrsg. v. Johannes Christes, Richard Klein und Christoph Lüth. Darmstadt 2006, S. 183 - 222.

Marrou, Henri-Irénée: Geschichte der Erziehung im klassischen Altertum. Freiburg-München 1977.

Maslankowski, Willi: Berufsbildung bei Platon. Versuch einer philosophischen Grundlegung. Academia Verlag, St. Augustin 1994.

Megilla ist das zehnteTraktat der Ordnung Moed der Mischna des Talmud im 4. von 6 Bänden des Babylonischen Talmuds, erschienen im Jüdischen Verlag Berlin1929.
Vgl. http://www.judentum.org/talmud/babylonischertalmud.htm; aufgerufen am 18.04.2017.

Meißner, Burkhard: Berufsausbildung in der Antike. In: Berufliche Bildung, hrsg. v. Max Liedtke. Bad Heilbrunn 1997, S. 55 - 99.

Meyer, Seligmann: Arbeit und Handwerk im Talmud. Inauguraldissertation zur Erlangung der philosophischen Doktorwürde bei der Philosophischen Fakultät zu Leipzig. Verlag Julius Benzian, Berlin 1878.

Mickwitz, Gunnar: Geld und Wirtschaft im römischen Reich des vierten Jahrhunderts n. Chr.. Akademische Buchhandlung, Leipzig 1933.

Möller, Rudolf: Was jeder Handwerker wissen muß. In Zusammenarbeit mit Fachkräften der Handwerksorganisationen und Behörden der Bundesrepublik. Elmshorn bei Hamburg 1957.

Münch, Joachim: Die Berufserziehung in der modernen Arbeitswelt. Berufspädagogische Beiträge, H. 13. Braunschweig 1961.

Ordericus Vitalis, Histor. eccles. III, 25 PL 188, 639.

Pesachim (Ostern): Text, Übersetzung und Erklärung nebst einem textkritischen Anhang von Georg Beer. Verlag von Alfred Töpelmann, Gießen 1912. Pesachim, oft Pesahim in akademischen Schriften, ist das dritte Traktat der Ordnungvon Moed der Mischna des Talmud.

Pirke Aboth oder Sprüche der Väter, ein Traktat aus der Mischna. Verlag Joh. Jac. Palm und Ernst Enke. Erlangen 1825.

Proesler, Hans (Hrg.): das gesamtdeutsche Handwerk im Spiegel der Reichsgesetzgebung von 1530 - 1806. In: Nürnberger Abhandlungen zu den Wirtschafts-und Sozialwissenschaften, H. 5. Berlin 1954.

Ragaz-Pfyffer, Felix: Die Geschichte der Handwerker-Organisationen. Luzern 1929.

Rondet, Henri: Die Theologie der Arbeit. Ein Entwurf. Aus dem Französischen übersetzt von Eleonore Beck. Würzburg 1956.

Sammlung derer sämtlichen Handwercksordnungen des Herzogthumes Würtemberg. Stuttgart 1758.

Schabath ist einTraktat der Ordnung Moed der Mischna des Talmud im 1. von 6 Bänden des Babylonischen Talmuds, erschienen im Jüdischen Verlag Berlin1929.

Vgl. http://www.judentum.org/talmud/babylonischer-talmud.htm; aufgerufen am 18.04.2017.

Scharmann, Theodor: Arbeit und Beruf. Eine soziologische und psychologische Untersuchung über die heutige Berufssituation. Tübingen 1956.

Schechter, Solomon (Editor): Avot de-Rabbi Nathan. Wien 1878. Reprinted im Verlag Ateret, New York1969.

Schmökel, Hartmut: Hammurabi von Babylon. München 1958.

Schmoller, Gustav: Straßburger Tucher- und Weberzunft. Straßburg 1879.

Schmoller, Gustav: Die soziale Frage. Klassenbildung, Arbeiterfrage, Klassenkampf. München und Leipzig 1918.

Schmoller, Gustav: Preußische Verfassungs-, Verwaltungs- und Finanzgeschichte. Berlin 1921.

Schneider, Helmuth: Geschichte der antiken Technik Verlag C. H. Beck Wissen. München 2012.

Schulz-Falkenthal, Heinz: Zur Lage der römischen Berufskollegien zu Beginn des 3. Jhs. u. Z. (die Privilegien der centonarii in Solva nach einem Reskript des Septimius Severus und Caracalla). In: Wiss. Zeitschr. der Martin-Luther-Universität Halle-Wittenberg, Band 15, H. 2. Halle-Wittenberg 1966, S. 285 - 294.

Schulz-Falkenthal, Heinz: Zur Frage der organisatorischen Vorbilder für den korporativen Zusammenschluß in den collegia opificum und ihr Verhältnis zu den mittelalterlichen Zünften. In: Wiss. Zeitschr. der Martin-Luther-Universität Halle-Wittenberg, Band 19, H. 2. Halle-Wittenberg 1970, S. 41 - 50.

Schulz-Falkenthal, Heinz: Zur Lehrlingsausbildung in der römischen Antike - discipuli und discentes. In: Klio - Beiträge zur Alten Geschichte. Jahrgang 1972, Band 54, Heft 54, S. 193 - 212.

Schulz-Falkenthal, Heinz: Römische Handwerkerkollegien im Dienst der städtischen Gemeinschaft und ihre Begünstigung durch staatliche Privilegien. In: Wiss. Zeitschr. der Martin-Luther-Universität Halle-Wittenberg, Band XXII der Gesellschafts- und Sprachwissenschaftlichen Reihe, H. 2. Halle-Wittenberg 1973, S. 21 - 35.

Steinbüchel, Theodor: Christliches Mittelalter. Leipzig 1935.

Stockbauer, Jacob: Unser gewerbliches Bildungswesen. In: Schriften des Vereins für Socialpolitik, Bd. XV.: Das gewerbliche Fortbildungswesen. Leipzig 1879, S. 123 - 137.

Stratmann, Karlwilhelm: Die Krise der Berufserziehung im 18. Jahrhundert als Ursprungsfeld pädagogischen Denkens. Ratingen 1967.

Stratmann, Karlwilhelm: Lehrlingserziehung in der "guten alten Zeit". In: Neue Sammlung, Jg. 7, H. 1. Göttingen 1967, S. 34 - 43.

Succa ist ein Traktat der Mischna, das an der 6. Stelle der Ordnung Moed steht. Hierzu siehe Band

IV von 6 Bänden des Babylonischen Talmuds, erschienen im Jüdischen Verlag Berlin1929. Vgl. http://www.judentum.org/talmud/babylonischer-talmud.htm; aufgerufen am 18.04.2017.

Tacitus, Publius Cornelius: De origine et situ germanorum liber. 16 - 27: Das Privatleben der Germanen. 21: Freundschaft und Feindschaft, Geselligkeit und Gastfreundschaft.

Vgl. www... gottwein.de/Lat/tac/Germ16.php; aufgerufen am 5. Mai 2016.

Tacitus: Germania. Zweisprachige Ausgabe Lateinisch - Deutsch. Übertragen und erläutert von Arno Mauersperger. Köln 2013.

Thomas von Aquin: Summa Theologica, Bd. 8. Erhaltung und Regierung der Welt. Heidelberg und München sowie Graz, Wien und Salzburg 1951.

Urbschat, Fritz: Grundlagen einer Geschichte der Berufserziehung. Erster Teil. Die Berufserziehung bis zur Französischen Revolution. Berlin und Leipzig 1936.

Waack-Erdmann, Katharina: Die Demiurgen bei Platon und ihre Technai. Darmstadt 2006.

Waltzing, Jean-Pierre: Étude historique sur les corporations professionnelles chez les Romains depuis les origines jusqu'à la chute de l'Empire romain d'Occident. Georg Olms Verlag Hildesheim 1970.

Wilda, Wilhelm Eduard: Geschichte des deutschen Strafrechts. Unveränderter Nachdruck d. Ausg. Halle 1842. Scientia 1960, S.140.

Wingren, Gustaf: Luthers Lehre vom Beruf. München 1952.

Wright, George Ernest., Art. Schöpfung. In: Die Religionen in Geschichte und Gegenwart, Bd. V. Hrsg. v. Kurt Galling. Tübingen 1961, Sp. 1474.

Zabeck, Jürgen: Geschichte der Berufserziehung und ihrer Theorie. Paderborn 2009.

Zedler, Johann Heinrich: Großes vollständiges Universallexikon, Bd.64. Graz 1964 (Original 1750).

MIX

Papier | Fördert
gute Waldnutzung

FSC® C083411

Zeitfracht Medien GmbH
Ferdinand-Jühlke-Straße 7
99095 Erfurt, Deutschland
produktsicherheit@kolibri360.de